EMPIRE ROMAIN

SELON LA LÉGENDE, ROME A ÉTÉ FONDÉE PAR DEUX FRÈRES JUMEAUX ÉLEVÉS PAR UNE LOUVE.

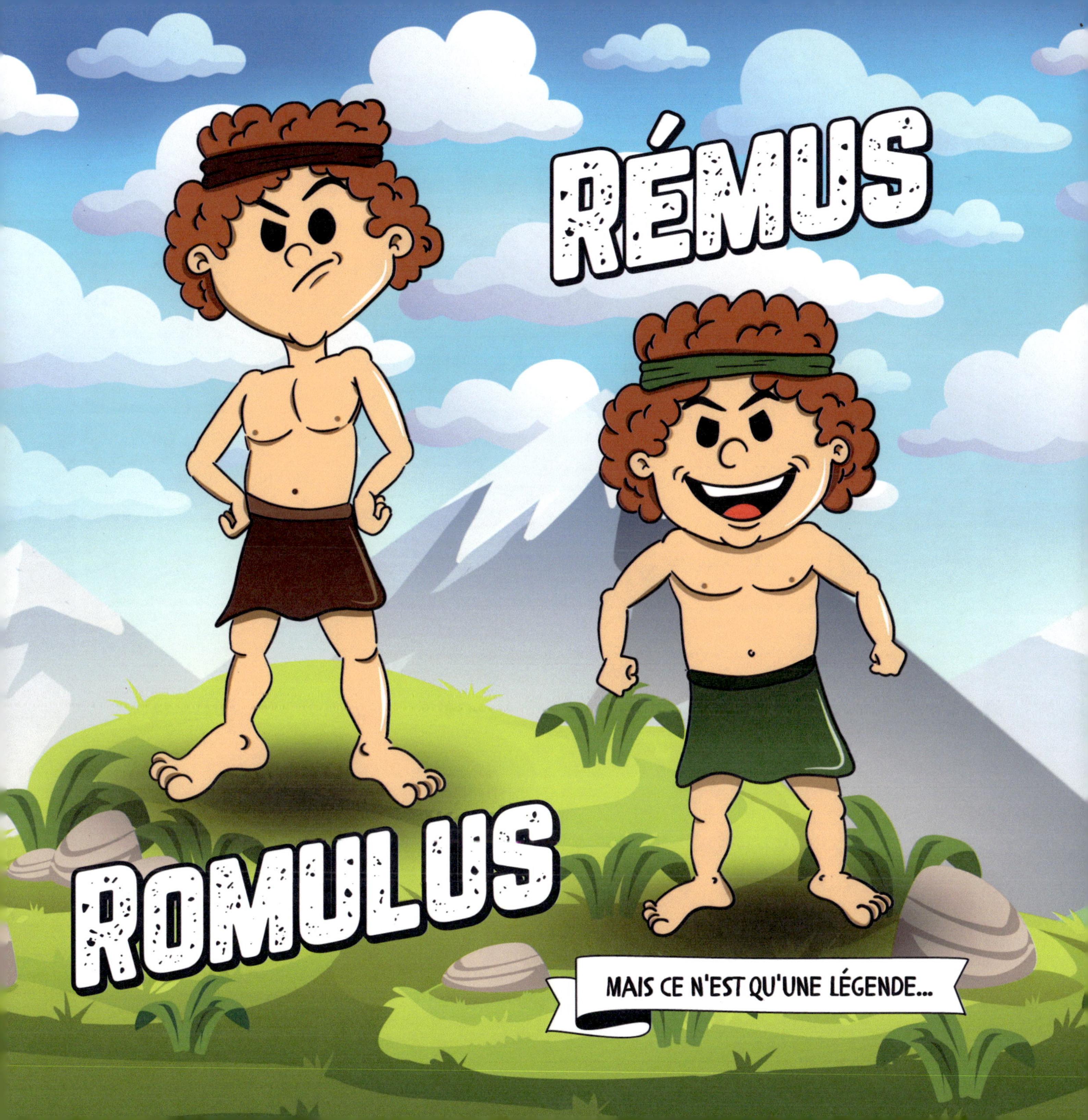
RÉMUS
ROMULUS
MAIS CE N'EST QU'UNE LÉGENDE...

EN RÉALITÉ, ROME A ÉTÉ FONDÉE PAR L'UNION DE PLUSIEURS VILLAGES SITUÉS SUR LES RIVES DU TIBRE, DANS CE QUE NOUS APPELONS AUJOURD'HUI L'ITALIE.

C'était vers 753
avant Jésus-Christ.
Il y a près de
2 800 ans !

AU DÉBUT, ROME ÉTAIT UNE MONARCHIE DIRIGÉE PAR 7 ROIS :

ROMULUS
NUMA POMPILIUS
TULLUS HOSTILIUS
ANCUS MARCIUS
TARQUINIUS PRISCUS
SERVIUS TULLIUS
TARQUIN LE SUPERBE

LE FAIT QUE LE PREMIER ROI SOIT ROMULUS NOUS LAISSE PENSER QUE CETTE ÉTAPE DE L'HISTOIRE DE ROME EST UN MÉLANGE DE VÉRITÉ ET DE LÉGENDE.

PAR LA SUITE, UNE RÉPUBLIQUE A ÉTÉ INSTAURÉE. IL S'AGISSAIT D'UNE FORME DE GOUVERNEMENT SANS ROI, OÙ LES DÉCISIONS ÉTAIENT PRISES PAR DES HOMMES POLITIQUES.

LA RÉPUBLIQUE ROMAINE A DURÉ PLUSIEURS SIÈCLES, JUSQU'À CE QUE COMMENCE LA PHASE QUE NOUS CONNAISSONS AUJOURD'HUI SOUS LE NOM ...

EMPIRE ROMAIN

DANS CE SYSTÈME DE GOUVERNEMENT, L'EMPEREUR AVAIT TOUS LES POUVOIRS ET PRENAIT LES DÉCISIONS, MÊME S'IL ÉTAIT CONSEILLÉ PAR UN SÉNAT.

L'EMPIRE ROMAIN OCCUPAIT DES TERRITOIRES DANS TOUTE LA MÉDITERRANÉE, COUVRANT LES TROIS CONTINENTS CONNUS À L'ÉPOQUE : AFRIQUE, EUROPE ET ASIE.

PARMI LES TERRES CONQUISES FIGURENT : LA GRANDE-BRETAGNE, L'HISPANIE, LA GRÈCE, L'ÉGYPTE, LA GAULE, LA GERMANIE ET L'AFRIQUE DU NORD.
N
W
E
NW
NE
SW
SE

SOCIÉTÉ ROMAINE

IL A ÉTÉ DIVISÉ EN TROIS GROUPES :

PATRICIENS

- C'est le groupe le plus puissant et le plus riche.
- Les riches propriétaires terriens, les descendants de familles nobles, les chevaliers et les conseillers politiques.
- Ils étaient libres et avaient des droits et des privilèges.

PLÉBÉIENS

- Elle était composée des gens du peuple : paysans, artisans, marchands, éleveurs...
- Bien qu'ils soient libres et aient des droits, ils ne jouissent pas des mêmes privilèges que les patriciens. Ils ne pouvaient pas gouverner et devaient payer des impôts.

SLAVES

- Ils étaient prisonniers de guerre ou enfants d'esclaves.
- Ils n'étaient pas libres et n'avaient aucun droit. Ils appartenaient à leurs maîtres et à l'Empire romain.
- Ils pouvaient être vendus ou achetés comme des objets.

LES ANCIENS ROMAINS ÉTAIENT D'EXCELLENTS ARCHITECTES. ILS CONSTRUISAIENT DES VILLES FORTIFIÉES, DANS LESQUELLES NE MANQUAIENT PAS TOUTES SORTES DE BÂTIMENTS PUBLICS DESTINÉS À DIVERS SERVICES ET ACTIVITÉS.

ON Y TROUVAIT DES THÉÂTRES, DES FORUMS, DES AMPHITHÉÂTRES, DES CIRQUES, DES THERMES... ET MÊME DES ÉCOLES POUR LES ENFANTS !

Le Colisée de Rome
(Amphitheatrum Flavium)

DANS LES AMPHITHÉÂTRES, DES SPECTACLES PUBLICS ONT EU LIEU, TELS QUE DES COMBATS DE GLADIATEURS ET D'ANIMAUX.

GRÂCE AUX AQUEDUCS, LES ROMAINS ONT PU ACHEMINER L'EAU VERS TOUTES LES VILLES DE L'EMPIRE.

Pont romain de Mérida

LES ROMAINS ONT ÉTÉ LES PREMIERS À CONSTRUIRE DE GRANDS PONTS DURABLES. ILS PERMETTAIENT DE TRAVERSER L'EAU ET DE CONTINUER SUR LE MÊME CHEMIN.

Théâtre romain de Mérida

DES REPRÉSENTATIONS DE PIÈCES CLASSIQUES AVAIENT LIEU DANS LE THÉÂTRE ROMAIN. C'ÉTAIT L'UN DES BÂTIMENTS LES PLUS IMPORTANTS DES GRANDES VILLES.

Ancienne voie romaine (Pompéi)

LES ROMAINS ONT BÂTI DES ROUTES QUI RELIAIENT TOUTES LES PARTIES DE L'EMPIRE. ELLES ÉTAIENT L'ÉQUIVALENT DU RÉSEAU ROUTIER ACTUEL.

Vous connaissez peut-être l'expression "tous les chemins mènent à Rome" ?

Eh bien, c'est de là qu'elle vient. À l'époque, tous les chemins de l'Empire menaient à Rome.

LES ROMAINS ÉTAIENT **POLYTHÉISTES** ET CROYAIENT EN PLUSIEURS DIEUX.

ON COMPTE PARMI EUX :

NEPTUNE
Dieu de la mer et des océans
MARS
Dieu de la guerre
VÉNUS
Déesse de l'amour

ROME ÉTAIT CONSTAMMENT EN GUERRE. ELLE DISPOSAIT D'UNE GRANDE ARMÉE COMPOSÉE DE MILLIERS DE SOLDATS REDOUTABLES, APPELÉS LÉGIONNAIRES.

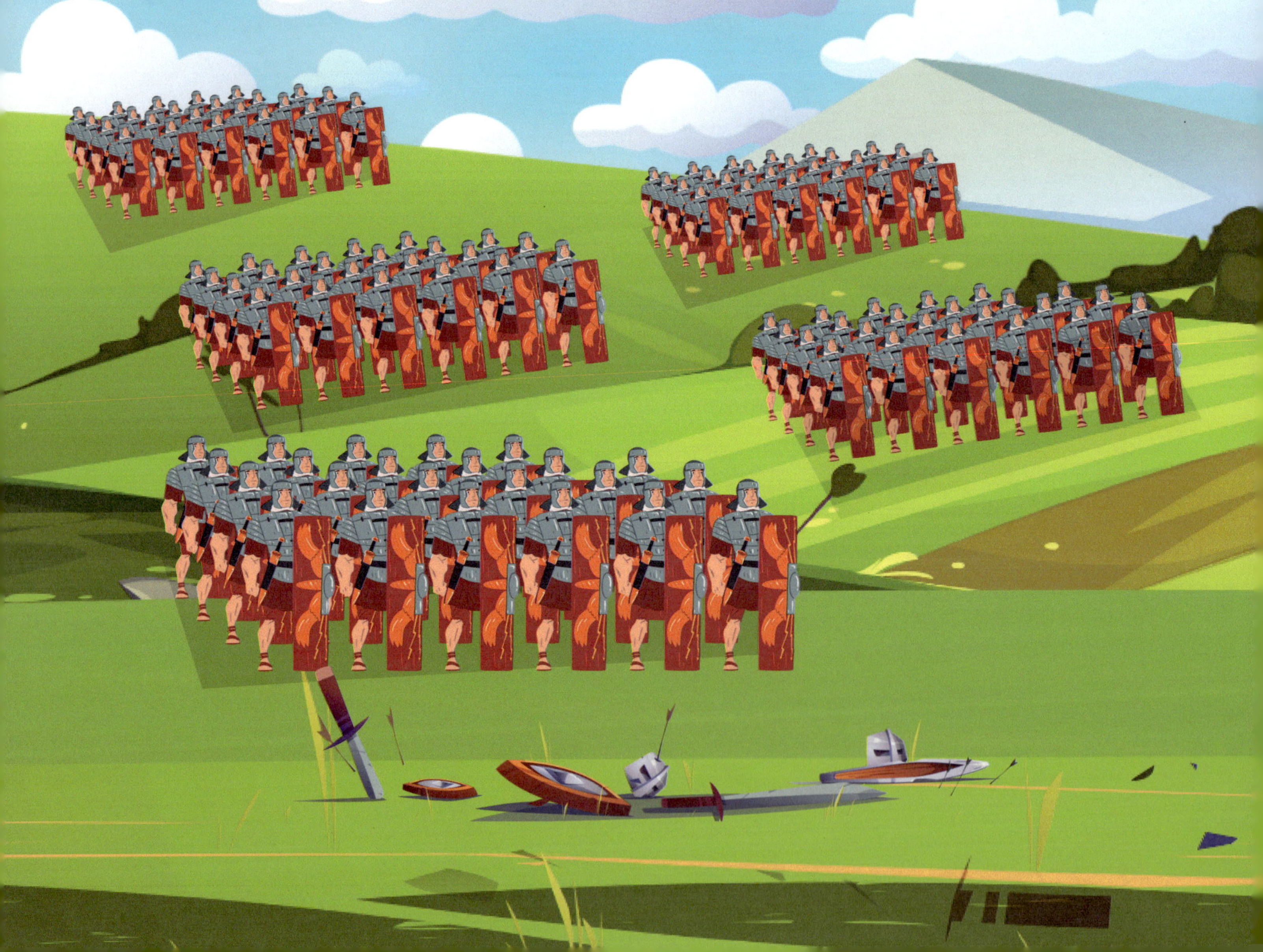

LES LÉGIONNAIRES ÉTAIENT TRÈS BIEN ENTRAÎNÉS. LA CONQUÊTE DE NOUVEAUX TERRITOIRES SE FAIT GRÂCE À EUX ET À LEURS STRATÉGIES DE COMBAT EFFICACES.

AU VE SIÈCLE, L'EMPIRE ROMAIN S'EFFONDRE SUITE AUX INVASIONS DES PEUPLES GERMANIQUES.

AVEC LA CHUTE DE L'EMPIRE ROMAIN, UNE NOUVELLE PÉRIODE HISTORIQUE, APPELÉE LE MOYEN ÂGE, A VU LE JOUR.

MOYEN ÂGE

NOUS SOMMES AUJOURD'HUI ENCORE INFLUENCÉS PAR TOUT CE QUE LES ANCIENS ROMAINS NOUS ONT LAISSÉ. CELA SE VOIT DANS LA CULTURE, LA POLITIQUE, L'ART, LES LOIS, LE CALENDRIER, L'ORGANISATION DES VILLES, ETC.

Je tiens à vous demander une petite faveur pour que ce livre puisse toucher un plus grand nombre de personnes : attribuez-lui un avis sincère sur la plateforme où vous l'avez acheté.

Avec ce petit geste, vous m'aiderez à réaliser de nouveaux projets.

J'ai hâte de commencer à créer mon prochain livre pour vous !

Vous pouvez laisser votre avis directement ici. Cela ne vous prendra que quelques secondes.

www.amzn.to/3uGkXbe

SCAN ME

Merci d'avance de prendre le temps de partager votre expérience. J'apprécie votre aide!

À bientôt !

Samuel John

BOOKS

www.pge.me/pourenfants

contacto@samueljohnbooks.com

SCAN ME

www.amazon.fr/dp/8412699882

SCAN ME

www.amazon.fr/dp/8412699890

Made in the USA
Monee, IL
14 November 2026

68487102R00021